Sieben Farben hat das Licht

Lothar Zenetti

Sieben Farben hat das Licht

Worte der Zuversicht

Mit Aquarellen von
Sr. M. Georgia Andrzejewski

Matthias-Grünewald-Verlag

Der Matthias-Grünewald-Verlag ist Mitglied
der Verlagsgruppe engagement

Bibliografische Information Der Deutschen Bibliothek
Die Deutsche Bibliothek verzeichnet diese Publikation in der Deutschen Nationalbibliografie; detaillierte bibliografische Daten sind im Internet über http://dnb.ddb.de abrufbar.

© 2006 Matthias-Grünewald-Verlag
Das Werk einschließlich aller seiner Teile ist urheberrechtlich geschützt. Jede Verwertung außerhalb der engen Grenzen des Urheberrechtsgesetzes ist ohne Zustimmung des Verlags unzulässig und strafbar. Das gilt insbesondere für Vervielfältigungen, Übersetzungen, Mikroverfilmungen und die Einspeicherung und Verarbeitung in elektronischen Systemen.

Umschlag: Harun Kloppe Design, Mainz
Umschlagbild: Sr. M. Georgia Andrzejewski
Druck und Bindung: Finidr s.r.o., Cesky Tesin

ISBN 3-7867-2599-3

Vorwort

„Der Titel dieses Buches will an den Regenbogen erinnern, das biblische Zeichen der Versöhnung, das über den Wassern der Sintflut erschien. Noch heute bleiben die Menschen stehen, wenn sie seiner gewahr werden. Sie schauen und zeigen hinauf zu dem Lichtbogen, der sich siebenfarbig über der Erde wölbt. Ein Licht in sieben Farben, dieses Bild gab einer Sammlung verschiedener Texte den Titel, die in der Vielfalt der Wörter das eine erhellende Wort zur Sprache zu bringen suchen …" Mit diesen Sätzen leitet Lothar Zenetti in seinem Vorwort ein Buch ein, das vor rund 25 Jahren schon einmal diesen Namen trug, aus einem seiner oft zitierten Texte genommen: „Das Siebenerlied".

Sieben Farben hat das Licht – Zeichen auch für die Buntheit der Texte und treffsicheren Worte, mit denen Lothar Zenetti ganze Generationen von Leserinnen und Lesern beschenkte und beschenkt: Gebete und Liedtexte, Anregungen für den persönlichen Glauben, oft mit spitzer Feder geschrieben, Gedanken der Besinnung, Worte der Liebe, Ermutigung zum Vertrauen. Ernstes also und auch Heiteres. Und immer wieder Worte der Zuversicht. Sie spannen sich – einem Regenbogen gleich – durch das gesamte Werk des Autors.

Viele seiner Gedanken sind mittlerweile zu geflügelten Worten geworden – ohne dass man immer gleich den Autor benennen könnte. Anderes wurde vertont und gehört mittlerweile zu den Klassikern des Neuen Geistlichen Liedgutes, denken wir nur an „Das Weizenkorn

muss sterben" oder an „Einer ist unser Leben" oder auch an das Tauflied „Segne dieses Kind".
Alle diese Texte wird der Leser und die Leserin in diesem Band wiederfinden und vieles mehr.
So wünschen wir eine aufregende Entdeckungsreise durch die bunte Vielfalt dieses Buches, das am Ende Hoffnung und Zuversicht in den Bundesschluss Gottes schenken kann, dessen Zeichen der Regenbogen ist.
Der Matthias-Grünewald-Verlag dankt Pfarrer Lothar Zenetti für die vielen interessanten Gespräche in der Vorbereitungsphase und für die Zustimmung, Teile seines reichen schriftstellerischen Lebenswerks in dieser Sammlung neu zugänglich machen zu können.
Dank gilt auch den Waldbreitbacher Franziskanerinnen, die freundlicherweise die ausdrucksstarken Bilder von Sr. M. Georgia Andrzejewski für eine Veröffentlichung in diesem Buch zur Verfügung gestellt haben.

Anneliese Hück
Lektorin im Matthias-Grünewald-Verlag

Sieben Farben hat das Licht

Feiern die Wörter

Das Wort Hoffnung und das Wort Vertrauen
das Wort Dankbarkeit und das Wort Treue
Freiheit nenne ich und das Wort Mut
auch Gerechtigkeit und das große Wort Frieden
und was wir Glück nennen Glückseligkeit
die unbegreifliche Gnade und das leise Wort Geduld
und das Wort Erbarmen ja davon lebe ich

Das Wort Mutter und das Wort Brot
Kind sage ich mein Vater mein Freund
und Freundlichkeit und Geborgensein
Meer sage ich und Baum und Himmel
Wolke und siebenarmiger Leuchter
Traum sage ich und Nacht meine Schwester
ich nenne die Liebe und das zärtliche Wort Du

Feiern will ich die Wörter
von denen wir leben

Winterpsalm

Es ist jetzt nicht die Zeit,
um zu ernten.
Es ist auch nicht die Zeit,
um zu säen.

An uns ist es,
in winterlicher Zeit uns
eng um das Feuer zu scharen
und den gefrorenen Acker
in Treue geduldig zu hüten.

Andere vor uns haben gesät.
Andere nach uns werden ernten.

An uns ist es,
in Kälte und Dunkelheit
beieinander zu bleiben und,
während es schneit, unentwegt
wachzuhalten die Hoffnung.

Das ist es.
Das ist uns aufgegeben
in winterlicher Zeit.

Tag mit Schnee im Januar

Ich lasse
die Arbeit an dem termingebundenen Beitrag für
die renommierte liturgische Zeitschrift über
den Festcharakter der österlichen Liturgie ...

die Eingabe an das Dezernat Bau des Bischöflichen
Ordinariates zur Genehmigung des Kirchenvor-
standsbeschlusses über Verwendung eloxierter
Fensterrahmen aus Aluminium, deren Kosten nicht
im Rahmen bleiben ...

das Studium der entschiedenen Stellungnahme des
Diözesansynodalrates zur ersten Lesung des Synoden-
papiers, das den Begriff der Ämter der Kirche
so wenig überzeugend von dem der kirchlichen
Ämter abhebt ...

    Ich schaue lieber aus
    nach den leisen Schneeflocken,
    die draußen niedergehn,
    und lerne, wie man sanft
    und ohne Worte sich verschenkt.
    Morgen werde ich dem
    lieben Gott einen Schneemann
    bauen als mein Magnifikat
    an diesem Tag.

Einladung im Sommer

Eine weiße Leinwand hab ich
gekauft, auch Pinsel und
alle Farben dazu, die es gibt.

Nun male ich einen tiefblauen
südlichen Sommerhimmel
und darunter
einen grasgrünen Garten
mit bunten Singvögeln und Blumen
und mitten darin, siehst du,
ein weißes Haus mit rotem Dach.

Es führt ein kleiner Weg dahin
unter den Bäumen entlang in das Haus.
Die Türe lasse ich offen.
Wenn du willst, kannst du
kommen, mein Liebes, und
mit mir darin leben.

Morgens malen wir dann
ein Schiff für das Meer
und lassen am Abend silbern
für uns den Mond aufgehn.

Sommerliche Meditation

Sein wie die Erde, ein Boden,
nahrhaft und dunkel genug,
dass ein Baum daraus wachse ...

Oder ein Baum sein, der
aufrecht und voller Kraft
seine Zweige breitet und Blätter ...

Vielleicht nur ein Zweig,
demütig genug, das bitte ich,
um das Lied eines Vogels zu tragen ...

Ein kleines Lied, das dich lobt
früh, wenn es tagt,
und am Abend, ehe es dunkelt ...

Das Siebenerlied

Sieben Flammen leuchten hell
Licht auf sieben Armen
also feiert Israel
Gott und sein Erbarmen

Sieben Farben hat das Licht
will die Nacht vertreiben
sieh es an und fürcht dich nicht
soll nicht finster bleiben

Sieben Feuer ruft der Geist
über uns zusammen
kommt der Tag den er verheißt
stehen wir in Flammen

Einen Augenblick lang

Manchmal,
in seltenen Stunden,
spürst du auf einmal
nahe dem Herzen, am
Schulterblatt schmerzlich
die Stelle, an der uns,
wie man erzählt, vor
Zeiten ein Flügel bestimmt
war, den wir verloren.

Manchmal
regt sich dann
etwas in dir, ein Verlangen,
wie soll ich's erklären,
ein unwiderstehliches Streben,
leichter und freier zu leben
und dich zu erheben und
hoch über allem zu schweben.

Manchmal,
nur einen Augenblick lang –
dann ist es vorbei –
erkennst du dein wahres
Gesicht, du ahnst, wer du
sein könntest und solltest.
Dann ist es vorbei.
Und du bist, wie du bist.
Du tust, was zu tun ist.
Und du vergisst.

Mit Fragezeichen gepflastert

Fragen

Wenn ich euch so zuhöre und betrachte mir
die Programme eurer Gemeinden, ihr Christen,
dann kommen mir Fragen, verzeiht:

Sind die Hungernden nicht mehr hungrig,
die Dürstenden nicht mehr durstig,
die Bedürftigen nicht mehr bedürftig?

Können die Blinden nun sehen,
die Stummen nun reden,
die Lahmen nun gehn?

Haben die Fragenden Antwort,
die Zweifelnden Gewissheit,
die Suchenden ihr Ziel gefunden?

Sind die Armen im Geiste schon selig,
die Trauernden schon getröstet,
besitzen die Sanften schon das Land?

Wenn ich euch so zuhöre und betrachte mir
die Programme eurer Gemeinden, ihr Christen,
dann kommen mir Fragen, verzeiht!

Schwierigkeit

Ihr wollt
dass es so bleibt wie es ist
darum betet ihr
um Frieden

Wir wollen
dass es nicht so bleibt wie es ist
darum beten wir
um Frieden

Gewissensfrage

Bist du ein Christ?
Wenn ja –
warum nicht?

Friedensgruß vor der Kommunion

Dem da
dem andern
dem x-beliebigen
dem wildfremden
der mir wurscht ist
der mich nichts angeht
dem man nicht trauen kann
dem man besser aus dem Weg geht
dem man's schon von weitem ansieht
dem da
dem Spinner
dem Blödmann
dem Besserwisser
dem Speichellecker
der nicht so tun soll
dem's noch Leid tun wird
der mir's noch büßen soll
der noch was erleben kann
der sich nicht unterstehen soll
dem ich's schon noch zeigen werde
dem da
wünsche ich Frieden

Pfingsten

Die Autobahnen sind verstopft
Alle fahren heut ins Grüne
Die Kirche dagegen bleibt
bei Rot: Feuer und Blut
Komm Heiliger Geist
oder besser: Komm nicht
Mach deine Revolution
lieber wenn es regnet

Pfingstsonntag

Der Pfarrer auf der Kanzel vergleicht
den Pfingstgeist mit Sturm und Feuer

aber keine Angst:

in den Kirchenbänken bleibt alles ruhig
mein Nachbar sieht verstohlen auf seine Uhr

Pfingstlied heute

Die Wunder von damals müssen's nicht sein,
auch nicht die Formen von gestern,
nur lass uns zusammen Gemeinde sein,
eins so wie Brüder und Schwestern,
    ja, gib uns den Geist, deinen guten Geist
    mach uns zu Brüdern und Schwestern!

Auch Zungen von Feuer müssen's nicht sein,
Sprachen, die jauchzend entstehen,
nur gib uns ein Wort, darin Wahrheit ist,
dass wir, was recht ist, verstehen,
    ja, gib uns den Geist, deiner Wahrheit Geist,
    dass wir einander verstehen!

Ein Brausen vom Himmel muss es nicht sein,
Sturm über Völkern und Ländern,
nur gib uns den Atem, ein kleines Stück
unserer Welt zu verändern,
    ja, gib uns den Geist, deinen Lebensgeist,
    uns und die Erde zu ändern!

Der Rausch der Verzückung muss es nicht sein,
Jubel und Gestikulieren,
nur gib uns ein wenig Begeisterung,
dass wir den Mut nicht verlieren,
    ja, gib uns den Geist, deinen heil'gen Geist,
    dass wir den Mut nicht verlieren!

Kanzel-Notizen

Ihre Predigt gestern, Herr Pfarrer,
hat mich wirklich gefesselt! –
Was Sie nicht sagen, – eigentlich
sollte sie eher befreiend wirken.

– – –

Der Mann auf der Kanzel
sprach vom verlorenen Sohn.
Die verlorenen Väter und Mütter
hörten ihm nachdenklich zu.

– – –

Ich bin der Gute Hirt,
höre ich den Prediger sagen.
Freundchen, denk ich bei mir,
hoffentlich weißt du auch,
dass du zitierst!

– – –

Die lange Predigt wollte den
Leuten allerhand mitgeben.
Ich fürchte jedoch, sie hat sie
stattdessen arg mitgenommen.

– – –

Die Predigt dauert und
dauert. Mich dauert
die Zeit, die sie dauert.
Bedauernd warte ich
dauernd aufs Amen.

Das Gewissen

Ein gutes Gewissen ist
ein sanftes Ruhekissen
man bettet sich gut
und wie man sich bettet
so liegt man das ist
die erste Bürgerpflicht
Ruhe und wer schläft
der sündigt nicht
der erste Schlaf ist
immer der beste
schlafen wir also weiter
den Schlaf des Gerechten
dem Glücklichen schlägt
keine Stunde den Seinen
gibt's der Herr im Schlaf
der beste Schlaf ist
der vor zwölf
ein gutes Gewissen
sagt Albert Schweitzer
ist eine Erfindung
des Teufels

Bedenkt es, ihr Christen

Niedergang

In der Kirche sehn viele heut
nur Niedergang, und man sagt,
da ist Auflösung von Werten –
    doch wenn wir Salz
    für die Erde sind
    und Salz sich auflöst
    und alles würzt –
        darf man's bewahren?

In der Kirche sehn viele heut
nur Niedergang, und man sagt,
da kommt alles jetzt ins Schwimmen –
    doch wenn man die Kirche
    als Schiff versteht,
    ein Schiff liegt nicht nur
    im Hafen fest –
        lasst es doch schwimmen!

In der Kirche sehn viele heut
nur Niedergang, und man sagt,
da geht alles in die Binsen –
    doch wenn in den Binsen
    die Wahrheit ist,
    die Binsenwahrheit
    zu finden ist –
        muss man nicht hingehn?

Missverständnis

Die Jünger Jesu sollen sein
das steht geschrieben:

die Hefe im Teig
das Licht in der Welt
die Stadt auf dem Berge

Aber nicht:

die Axt im Walde
das Haar in der Suppe
die Made im Speck

Ohne dich

Ohne dich
den großen Wanderer
und deine entschiedenen Fußspuren im Sand
kommen wir keinen Schritt weiter

Ohne dich
und deinen strahlenden Blick aus Licht
der die Augen auftat den Blinden
erlöschen die Kerzen auf unseren Altären

Ohne dich
und die Unwiderstehlichkeit
deiner sanften Stimme, die uns zu teilen heißt
geht uns noch heute das Brot aus

Ohne dich
du spendabler Gast
bei der fröhlichen Hochzeit von Kana
reicht unser Wein nicht zum unaufhörlichen Fest

Inkonsequent

Frag hundert Katholiken
was das Wichtigste ist
in der Kirche.
    Sie werden antworten:
    Die Messe.

Frag hundert Katholiken
was das Wichtigste ist
in der Messe.
    Sie werden antworten:
    Die Wandlung.

Sag hundert Katholiken
dass das Wichtigste in
der Kirche die Wandlung ist.
    Sie werden empört sein:
    Nein, alles soll bleiben
    wie es ist!

Heutzutage

Zur Zeit hört man vielfach
die Klage, der Papst und die Kirche
versage, kritisch sei unsere
Lage, so dass man als Christ schier

verzage. Verzeiht, wenn ich es nun
wage und meine Meinung hier
sage, dass ich hinterfrage die
Klage und dabei mich selber

befrage. Da muss ich gestehen: ich
trage ja ebenso bei zu der
Plage, indem ich nicht minder
versage. Das ist, ich sag's ehrlich,

die Lage, so kommt's, dass ich manchmal
verzage und bitte, dass Gott
heutzutage uns lächelnd ertrage
und sein Gericht noch vertage.

Unsereiner

Ich habe durchaus
an der Kirche, so wie sie ist,
einiges auszusetzen:

Ich fürchte indessen,
der Kirche geht es, was mich
betrifft, nicht viel anders.

Gut, dass die heilige Kirche
zwar göttlichen Ursprungs,
aber zugleich eine
überaus menschliche
Kirche der Sünder ist.

So ist immer noch Platz,
auch für Leute wie mich.
Und ich finde hier,
wonach ich am meisten
verlange: Erbarmen.
Und Gottes unbegreifliche
Gnade.

Ein anderes Magnificat

Ein Sämann ging aus
und ging über die Erde:
Ein Wort fiel vom Himmel
fiel mir in den Schoß.

Fiel auch auf den Weg
fiel auf steinigen Grund
fiel unter die Dornen
wer kann es verstehn?

Fiel unter die Räuber
fiel unter dem Kreuz
fiel tief in die Erde
wer kann es verstehn?

Die Saat brachte Frucht
und ging auf in der Erde:
Ein Wort fiel vom Himmel
fiel mir in den Schoß.

Später

Manchmal frage ich mich: Was wird bleiben
später, wenn wir lang nicht mehr sind, in
sagen wir hundert, zweihundert Jahren, von
uns, unseren Hoffnungen, den Sorgen und all
den Gebeten, den Liedern, die wir gesungen?

Was wird bleiben von den Kirchen, die wir
erbauten, mit ihren riesigen leeren Wänden,
weil uns nichts einfiel, kein Bild, keine
Vision mehr, kein Maler auch, dem wir es
zutrauten, das Unbegreifliche sichtbar
vor Augen zu stellen?

Aber vermochten wir selber denn, von unserem
Glauben zu reden? Wussten wir noch, wie ein
Heiliger aussieht? Vom Himmel zu schweigen,
der immer blasser und fremder wurde
unter den endlosen Diskussionen, bis er
entschwand schließlich und nichts uns
blieb außer verlegenem Schweigen?

Mag schon sein, dass sie verfallen sein werden
später, verlassen die riesigen Mauern und
Türme der Kirchen und stumm die Orgeln,
die Glocken, indes vielleicht eine kleine
Gemeinde irgendwo sonst sich versammelt
im Hinterhaus, in einem Laden.

Aber auch möglich, wer weiß, dass die heiligen
Räume geschmückt sein werden mit neuen und
hinreißenden Bildern des wiederentdeckten
Glaubens und dass Menschen singen, wie wir
es taten, inbrünstiger noch als wir,
das alte und immer neue Lied gegen den Tod:
das unbesiegbare Halleluja.

Neunbändig

Über die Menschlichkeit Jesu
veröffentlicht Professor Purzelmann
ein neunbändiges Werk.

Ich stelle mir, dies lesend,
Jesus vor: Schon höre ich
aus Richtung Kana
sein unbändiges Lachen.

Und spüre nichts von dir

Bibel aktuell

Also das schaffen wir mühelos:

Speise für fünftausend und mehr Menschen
und den Überfluss körbeweis
für uns zu verbrauchen.
Fünf Gerstenbrote und zwei Fische
lassen wir noch übrig am Ende
für die andern.

Keine Angst, Jesus:

Wir sorgen uns nicht mehr ängstlich
um das, was wir essen und trinken
und morgen anziehen werden.

Das haben wir nicht mehr nötig:
Um all das kümmern sich vielleicht
die Menschen in den Entwicklungsländern.

Wir, möchte ich sagen, suchen vielmehr
zuerst Gesundheit und dass wir entsprechend
verdienen und was haben vom Leben.

Alles andere, heißt es ja richtig,
wird dann hinzugegeben werden.
Möglicherweise im Schlaf.

Pluralität

In der
berühmten modernen
Kirche
aus Beton und Glas,
die ich besuchte,
waren selbst die Gläubigen
aus Beton.
Aber in Stereo,
stromlinienförmig,
floss der Gottesdienst
an mir vorbei.

Nicht weit davon,
in einer
sagenhaft vergammelten
alten Kirche,
zerflossen
zwei Dutzend Kerzen
beim heiligen Antonius
vor Rührung.

Alltägliche Reden an Gott
vor einer Fernsprechzelle notiert

Ach Gott, du brauchst mir gar nichts zu erzählen ...
Allmächtiger, was sagt denn da dein Chef!?
Um Gottes willen, sag es niemand weiter –
du lieber Gott, jetzt ist es schon halb vier!

Mein Gott, wie kann man nur so dumm sein,
Na, Gott sei Dank, dass ich nicht bin wie du!
In Gottes Namen, geh in Frieden,
Weiß Gott, der bringt mich wirklich noch ins Grab.

Mein Gott, sei doch nicht immer so empfindlich!
Ach Gott, so war es wirklich nicht gemeint!
Du lieber Gott, du hältst mich wohl für dämlich!?
Jetzt hör um Gottes willen endlich auf!

Wie komme ich zu Gott?

Wie komme ich zu Gott?
In meinem Lexikon
jedenfalls
führt der Weg zu ihm
über Gotik
Gotland und die
Gotoinseln

Gott ist lange tot

Gott ist lange tot,
   wusste der junge Mann.
Seltsam,
   wunderte sich der alte Pater:
Vor einer Stunde
sprach ich noch mit ihm.

Der große Berg

Einen ganzen Tag lang im Sommer
warteten fünfzig Urlauber
eines Busses aus Flensburg am
Großglockner, um diesen zu sehn.
Sie sahen indessen nur Nebel und Wolken
und graues Geröll und ein wenig Schnee.
So sehr sie auch schauten mit Augen und Gläsern,
es war nichts zu sehn. – Und sie trafen
zwei Damen aus Tilburg in Holland,
die schon drei Wochen schauten und schauten
auf Geröll und Gewölk, aber vom Berg nichts gesehn.

Jedoch zu zweifeln an diesem Berg,
an seinem realen Vorhandensein,
sah keiner sich abends genötigt,
als sie den Bus dann bestiegen.
Selbst Herr Koch, der ansonsten nur glaubt,
was er sieht (mit eigenen Augen), sonst nichts,
hatte fünf Ansichten des großen Glockners
in Farben gekauft und schrieb hinten drauf
von unvergesslichen Eindrücken.
Und hatte selber gar nichts gesehn als Nebel.
Und zweifelte doch nicht an dem großen Berg.
Und vertraute dem Österreichischen Alpenverein.

Wenn du beten willst

Wenn du beten willst
so geh in dein Kämmerlein
dein Dunkelkämmerlein
und entwickle das Bild
das Gott sich
von dir gemacht hat

Alltäglich denke ich

Alltäglich denke ich
viele Stunden lang
nicht an dich

Doch manchmal spüre ich
nur sekundenlang
du siehst mich

Dann wieder denke ich
viele Stunden lang
nicht an dich

Aufdringliche Befragung

Also du hast
niemandem etwas getan?
Auch nichts Gutes?
Nichts umsonst und
ohne Grund, nur so
aus Liebe?

Also du hast
niemanden umgebracht?
Auch nicht
um seinen guten Ruf
um seinen Schlaf
um seinen Glauben gebracht?

Also du hast
niemanden betrogen?
Auch nicht um die Hoffnung
in dir vielleicht
einem wirklichen
Christen zu begegnen und
Gottes Nähe zu erfahren?

Er ist nicht fern

Immerhin

Es könnte doch sein, dass es das gibt,
sagt, was ihr wollt:

Ein Erbarmen, das mich hält,
das mich trägt von jeher.
Ein Erbarmen, in das ich mich
bergen kann jederzeit.

Sagt, was ihr wollt,
es könnte doch sein, dass es das gibt:

Dass einer da ist, der ja zu mir sagt,
der in mir atmet,
dessen Herz in mir schlägt,
der macht, dass ich bin.

Es könnte doch sein, dass es das gibt,
sagt, was ihr wollt.

Anrufung

Geheimnis
    über uns
    über allem, was oben ist
    größer als der größte Mensch
    die mächtigste Macht
                        Herr, erbarme dich

Geheimnis
    unter uns
    unter allem, was unten ist
    kleiner als der kleinste Mensch
    die ohnmächtigste Ohnmacht
                        Christ, erbarme dich

Geheimnis
    nah bei uns
    nah bei allem, was nahe ist
    näher als der nächste Mensch
    die wirklichste Wirklichkeit
                        Herr, erbarme dich

Großer Auflauf

Gesetzt den Fall,
der bekanntlich unsichtbare
Gott ließe sich erweichen
eines Tages
auf das besonders inständige
und anhaltende Gebet
des Weltkongresses für
Überwindung des Atheismus
oder dreier unbekannter
Wallfahrer hin
und zeigte sich
vierzig Minuten lang
in Frankfurt südlich des Mains
den staunenden Augen der
Bevölkerung von Sachsenhausen.

Da liefen gewiss die
Kinder und Kneipenwirte,
die Sparkassenangestellten
und die Hausfrauen zusammen
und rissen die Augen auf
und hielten es nicht für möglich,
wenn Seine Herrlichkeit
(natürlich nur ein Vorgeschmack)
den Platz am Affentor erfüllte
und rings die Seitenstraßen.

Ein Menschenauflauf ohnegleichen
wär' die Folge und kilometerweit
ein wildes Hupkonzert
empörter Autofahrer,
die ja nie begreifen.
Doch sonst –
was würde sonst sich tun und
was sich ändern daraufhin?

Dies frag ich mich
und euch, verehrte Atheisten,
schreibt mir doch mal,
was ihr darüber denkt.

Versuch eines Lobliedes
(für Joachim Neander, nach dreihundert Jahren)

Lobe den Herren, den mächtigen ...

Aber wer tut das schon, sagt doch,
wer lobt denn heute, wer rühmt,
und überhaupt, wer vermag das noch:
loben, bewundern und preisen,
und gar noch den König der Ehren?

Wer kommt da, frag ich, vereint mit den
himmlischen Chören, kommt da zuhauf?
Wer lässt noch – Psalter und Harfe, wacht auf –
etwas wie Lobgesang hören?

Wo doch, wohin ich auch sehe,
alles, was Odem hat, in wie viel
Wohlstand verwöhnt und verführet,
nur im Verbrauchen geübt ist.

Das lässt doch, während es fordert,
kein gutes Haar mehr an allem,
kein Dank mehr und keinerlei Anlass zum Lob.

Du aber, Seele, dich frage ich,
hast du nicht doch, du wenigstens,
dieses dankbar verspüret, dass er
dich hält und dich sicher geführet?
Hat er nicht in wie viel Not dich geleitet
und über dir gnädig die Flügel gebreitet?

Vergiss es ja nicht, meine geliebte Seele,
singe davon, und wärst du die einzige Stimme
hier auf der Erde, die dankt und bewundert.
Alles, was in mir ist, lobe den Namen
dessen, von dem wir den Odem bekamen.

Sende uns Engel

Sende uns Engel, dass sie uns behüten,
dass sie uns beistehn auf unseren Wegen.

    Ein starker Engel sei an deiner Seite,
    wenn du bedroht wirst, stehe er dir bei.
    In Gottes Kraft, so mög' er für uns streiten,
    von bösen Mächten mache er uns frei.

    Ein leiser Engel soll den Blick dir weiten,
    das Ohr dir auftun und ans Herz dir rühr'n.
    Er kommt als Bote, sanft will er uns leiten,
    dass wir die Weisung Gottes in uns spür'n.

    Ein guter Engel möge dich begleiten,
    in Gottes Namen und von ihm gesandt.
    So wird er über uns die Flügel breiten,
    wenn wir ihn bitten, nimmt er unsre Hand.

    Ein lichter Engel soll die Dunkelheiten,
    die dich bedrängen, wandeln in das Licht.
    Er mach' uns heil und führ' uns durch die Zeiten,
    bis wir dann schauen Gottes Angesicht.

Sende uns Engel, dass sie uns behüten,
dass sie uns beistehn auf unseren Wegen.

Gebet für viele

Behüte, Herr, die ich dir anbefehle,
die mir verbunden sind und mir verwandt.
Erhalte sie gesund an Leib und Seele
und führe sie an deiner guten Hand,

sie alle, die mir ihr Vertrauen schenken
und die mir so viel Gutes schon getan.
In Liebe will ich dankbar an sie denken,
o Herr, nimm dich in Güte ihrer an.

Um manchen Menschen mache ich mir Sorgen
und möcht ihm helfen, doch ich kann es nicht.
Ich wünschte nur, er wär bei dir geborgen
und fände aus dem Dunkel in dein Licht.

Du ließest mir so viele schon begegnen,
solang ich lebe, seit ich denken kann.
Ich bitte dich, du wollest alle segnen,
sei mir und ihnen immer zugetan.

Verheißung

Menschen
die aus der Hoffnung leben
sehen weiter

Menschen
die aus der Liebe leben
sehen tiefer

Menschen
die aus dem Glauben leben
sehen alles
in einem anderen Licht

Wo man andere liebt

Wo man andere liebt,
ist der Ort der Gemeinde,
die sich nach Christus nennt.
    Wie er soll sie teilen
    ihr Leben und heilen
    die Kranken und Krummen
    die Blinden und Stummen
    sie soll sich erbarmen
    der Schwachen und Armen
        Wo die Liebe geschieht,
        hat das Elend ein Ende,
        da wird die Erde neu.

Wo man Unrecht bekämpft,
ist der Ort der Gemeinde,
die sich nach Christus nennt.
    Wie er soll sie sprechen
    für Recht und zerbrechen
    die Herrschaft der Klassen
    die Allmacht der Kassen
    den Dünkel der Rassen
    den Stumpfsinn der Massen
        Wo Gerechtigkeit wird,
        hat das Elend ein Ende,
        da wird die Erde neu.

Wo Versöhnung geschieht,
ist der Ort der Gemeinde,
die sich nach Christus nennt.
    Wie er soll sie künden
    Vergebung der Sünden
    inmitten von Waffen
    soll Frieden sie schaffen
    versöhnen die Feinde
    als seine Gemeinde
        Wo der Friede entsteht,
        hat das Elend ein Ende,
        da wird die Erde neu.

Gebet um Zeit

Als die Zeit erfüllt war, heißt es,
sandte Gott uns seinen Sohn.
Erfüllte Zeit – die meine ist es
nicht, nur einfach angefüllt mit
zahllosen Terminen, mit dem, was man
von mir so jeden Tag erwartet.
Verplant ist die mir zugeteilte Zeit
und dahin, dorthin längst vergeben.
Vergebens scheint so manches, was ich
tu, und was mir wichtig ist, bleibt
ungetan. Soll das mein Leben sein,
bin ich dazu und für sonst nichts
geboren? Erschöpft, so fühl ich mich
und wie am Ende. Doch du, o Ewiger, bist
immer Anfang. Und tausend Jahre sind
bei dir so wie ein Tag. Führ' mich in
deine Weite, Herr, und lass mich freier
atmen. Genügend Zeit zu haben lehre
mich, als hätte ich genug davon und
einfach Zeit und Zeit und nochmals
Zeit und vor mir eine ganze Ewigkeit!

Lebenszeichen

In einer der üblichen
Konferenzen, die irgendeine
mehr oder minder bedeutsame
Institution aus welchen Gründen
auch immer für wichtig erachtet,
und wo sich – alles in allem –
nicht einmal gar nichts bewegt,

kroch mir, wie ich da saß,
ein Marienkäferchen über den Ärmel,
wagte sich dann hinab auf den
Tisch und entschloss sich sogar,
dort ein Papier (eine riesige
Fläche für dieses winzige Wesen)
zu überqueren. Schwarz und rot,
somit selber gepunktet, lief es
hinweg über sämtliche Punkte
der Tagesordnung, ohne denselben
weiter Beachtung zu schenken.

Käferchen, denk ich, liebes
Mariechen, wie schön, dass du
lebst, und ich darf es wohl auch:
leben, mein ich, trotz allem.
Doch schau: jetzt entfaltet's
zur Probe die Flügel und
schon fliegt's davon, dieses
winzige Wunder des Lebens
an diesem ganz gewöhnlichen Tag.

Stille lass mich finden

Stille lass mich finden, Gott, bei dir.
Atem holen will ich, ausruhn hier.
Voller Unrast ist das Herz in mir,
bis es Frieden findet, Gott, in dir.

> Lassen will ich Hast und Eile,
> die mein Tagewerk bestimmen,
> die mich ständig weitertreiben.
> Innehalten will ich, rasten.
>
> Will vergessen, was die Augen,
> was die Sinne überflutet,
> diese Gier: Das muss ich sehen.
> Ruhen sollen meine Augen.
>
> Lassen will ich alles Laute,
> das Gerede und Getöne,
> das Geschrei und das Gelärme.
> Schließen will ich Mund und Ohren.
>
> Will vergessen meine Sorgen:
> Was ist heut und was wird morgen?
> Ich bin ja bei dir geborgen,
> du wirst allzeit für mich sorgen.

Stille lass mich finden, Gott, bei dir.
Atem holen will ich, ausruhn hier.
Voller Unrast ist das Herz in mir,
bis es Frieden findet, Gott, in dir.

Wir sind noch zu retten

Worauf sollen wir hören?

Worauf sollen wir hören, sag uns worauf?
    So viele Geräusche –
        welches ist wichtig?
    So viele Beweise –
        welcher ist richtig?
    So viele Reden –
        ein Wort ist wahr.

Wohin sollen wir gehen, sag uns wohin?
    So viele Termine –
        welcher ist wichtig?
    So viele Parolen –
        welche ist richtig?
    So viele Straßen –
        ein Weg ist wahr.

Wofür sollen wir leben, sag uns wofür?
    So viele Gedanken –
        welcher ist wichtig?
    So viele Programme –
        welches ist richtig?
    So viele Fragen –
        die Liebe zählt.

Der Holzweg

Zugegeben,
wir sind auf dem
Holzweg,
wenn wir ihm folgen:

Auf diesem mühsamen Weg
vom Holz der Krippe
im ärmlichen Stall
zum Holz des Kreuzes,
dem Marterpfahl,
an dem er litt.

Dazwischen
der harte Alltag des
Zimmermanns: Holz,
Balken und Latten ringsum.
Bretter, die die Welt
bedeuten. Das war
seine Welt. Holzgeruch
über Jahre hin.

Und nun also ich:
mit dem Brett
vor dem Kopf und dem
Balken im Auge.
Und ich (lacht nur),
ich will ihm nachgehn.

Glaubensgespräche

Sag mal, fragt er mich
mitleidig lächelnd:
Glaubst du im Ernst noch,
dass es das gibt – einen Gott?
Aber ja, sage ich daraufhin:
Schon damit dieser Gott
nicht den Glauben verliert,
dass es noch Menschen gibt.
– – –
Gott, wenn er allmächtig ist, müsste doch,
sagst du, all das Unrecht verhindern,
dreinschlagen müsste er einfach mal
richtig und ... Stimmt, sag ich dann,
das müsste er wohl. Doch seien wir
froh, dass er es nicht tut; so sind wir
beide, so wie es aussieht, trotz
allem noch immer am Leben.
– – –
Mancher verliert seinen Glauben
wie einen Schirm, ganz nebenher.
Man achtet nicht weiter darauf,
weil es gerade nicht regnet,
und lässt ihn irgendwo liegen. –
Bei schlechtem Wetter, wenn man ihn
brauchte, den Schirm, ist er dann
plötzlich nirgends zu finden.
– – –

Die Realität

Eins nur zählt, belehrte uns die Schwester
am Tag der Einkehr und Besinnung, dies
ist unerlässlich für ein innerliches, ganz
in Gott vertieftes Leben: Meditation.
Zumindest eine halbe Stunde Stille früh am
Morgen, allein mit Ihm. Am besten auf den
Knien oder im Lotussitz. Bisweilen, verrät
sie uns, streckt sie sich auch mal aus
am Boden. Ganz entspannt, ganz hingegeben
den neuen Tag erwartend im Gebet:
Was willst du, das ich tun soll, Herr?

Klingt gut, denk ich, das leuchtet ein.
Ich wollte gerne so besinnlich sein
wie sie, doch fällt mir dabei mein
Familienleben ein. Ich bin, so sehr ich's
möchte, leider nie so recht allein.
Stehl ich mich morgens aus dem Ehebett
zu einem ganz vertieften Leben auf den Knien,
dann fragt die Frau: was ist denn los
mit dir, ist dir nicht gut! Was treibst
frühmorgens du da unten auf dem Boden?
Und nebenan, wir leben in drei Zimmern,
sind unsre Kinder auch schon lebensfroh
und laut in ihren Betten.
Du lieber Himmel, flehe ich und schrei:
Verdammt noch mal, könnt ihr nicht
endlich etwas leiser sein! Pardon:
Was willst du, das ich tun soll, Herr?

Was ich dir rate

Bete, mein Freund, als wenn Beten genügte,
so als ob Gott über alles verfügte ...

Oder sei tätig, geh ran an die Dinge,
so als ob alles von dir abhinge.

Besser noch beides: beten und handeln.
Suche dein Tun in Gebet zu verwandeln,
in betendes Tun, in tätiges Beten.
Gott wird gewähren, um was wir flehten.

Tu, was du kannst, und vertrau seiner Gnade:
Die schreibt auf krummen Zeilen gerade,
die führt zum Ziel, was wir mühsam beginnen,
und was verloren scheint, hilft sie gewinnen.

Schau zu ihm auf und besorg deine Dinge,
so als ob alles von selber gelinge.

Später begreifst du: dein Mühen genügte.
Gott war's, der alles zum Besten dir fügte.

Huldigung

Kirche, du arme alte Waschfrau:
Ein Leben lang auf den Knien,
bemüht, mit krummem Rücken
und roten, rissigen Händen
die schmutzige Wäsche zu waschen
so vieler Generationen, immer wieder
andern den Dreck wegzumachen,
bemüht, ein Leben lang und wie vergeblich
dem Staub zu Leibe zu rücken,
dem Schmutz, dem Rost und den Flecken
mit diesem unbegreiflichen Ehrgeiz,
ein kleines Stück dieser Welt,
wenigstens dieses kleine Stück Boden,
diesen immer wachsenden Berg Wäsche
womöglich weiß und rein zu erschaffen,
wie neu für den heutigen Tag.

Und ich, das Kind,
dem du die Windeln gewaschen
und die Lieder vom einfachen frommen
Leben gesungen hast,
sollte mich jetzt deiner schämen,
deiner rauen Hände und
deiner grauen Haare und deines
gebeugten Rückens?

Noch wenn ich sterbe,
wirst du bei mir sein geduldig
und deine rauen Hände falten.

Vision

Eine junge und schöne Kirche,
manchmal träume ich davon,
eine tanzende Kirche
mit Blumen im Haar,
ein großes fröhliches Kind,
himmelhoch jauchzend
verzückt, mit geschlossenen Augen,
verrückt vor Liebe
in deinen Armen, Jesus,
an dich geschmiegt
die Schönste von allen.

Manchmal sehe ich sie schon
mit meinen Augen,
diese junge verliebte Kirche
in all diesen großen Kindern
und in diesen ausgewachsenen
Leuten, die immer noch
ein bisschen wie Kinder sind.

Reibung

Aber ja, auch ich
reibe mich
an so manchem
in der Kirche,
woran, das will ich hier
nicht weiter vertiefen.

Doch andererseits
lehrt bereits die Physik,
dass Reibung gewöhnlich
Wärme erzeugt.

Man könnte an
Nestwärme denken,
etwas wie Zugehörigkeit
sozusagen.

Denn woran man
sich reibt, – nun,
das lässt einen nicht
kalt.

Die neue Hoffnung

Es ist nicht zu leugnen:
was viele Jahrhunderte galt,
schwindet dahin. Der Glaube,
höre ich sagen, verdunstet.

Gewiss, die wohlverschlossene
Flasche könnte das Wasser
bewahren. Anders die offene
Schale: sie bietet es an.

Zugegeben, nach einiger Zeit
findest du trocken die Schale,
das Wasser schwand. Aber merke:
die Luft ist jetzt feucht.

Wenn der Glaube verdunstet,
sprechen alle bekümmert von
einem Verlust. Und wer von
uns wollte dem widersprechen!

Und doch: einige wagen trotz
allem zu hoffen. Sie sagen:
Spürt ihr's noch nicht?
Glaube liegt in der Luft!

Mit den Jahren

Ich bin schon lange nicht mehr,
ich gestehe, tief unten
in meinem Keller gewesen,
wo die alten Weine der Weisheit
liegen und das Wissen der
Jahrhunderte verstaubt,
das ich erwarb, o Thomas,
Tertullian und Berengar von Tours.

Auch war ich, fällt mir ein,
schon lange Zeit nicht mehr
da oben unterm Dach, wie früher,
wo ich den Schwalben nachsah
und selber das Fliegen versuchte.

Mit den Jahren gewöhnt
man sich an den alltäglichen
Bedarf, das, was gefragt ist
und was, und das ist wenig,
noch ankommt bei den Leuten.
So übe ich, die fremden Nöte
täglich mit Geduld zu hören,
dafür die eignen zu verschweigen,
die kostbare Zeit, wie gefordert,
mit ungezählten Beschäftigungen
pausenlos zu vertun,
die Rechnungen zu bezahlen

und mit den Drucksachen,
die der Postbote bringt,
auf dem Laufenden zu sein
in der Theologie des Tages.

Mit den Jahren
mag es dann gelingen,
mit Wasser zu kochen,
das unbegreifliche Brot
in sehr sehr kleinen
Brötchen zu backen
und langsam die Liebe
zu erlernen in allem.

Es kommt der Tag

Du hast vollkommen Recht:
Der Glaube macht nicht satt,
im Gegenteil:
er verhindert, dass du satt wirst,
er macht hungrig, Hunger weckt er
und Durst nach Gerechtigkeit.
Doch dieser Hunger ist der beste Koch.

Es kommt der Tag, da ist das Mahl bereitet,
ein Mahl wie keines, Brot und Fisch für alle.
Zwölf Körbe fassen nicht den Überfluss,
und wenn wir Wasser schöpfen, ist es Wein,
an diesem Tage wird die Hochzeit sein.

Wir wollen alle glücklich sein

Wir wollen alle glücklich sein
und sind doch manchmal sehr allein
und mancher ist verloren
    Herr, erbarme dich
    Herr, erbarme dich
    dass keiner ist verloren

Wir leben ohne Plan und Ziel
und würfeln um das Glück im Spiel
und mancher hat verloren
    Herr, erbarme dich
    Herr, erbarme dich
    dass keiner hat verloren

Wir leben hin in Glück und Leid
und bis zum Tod, das ist nicht weit
und mancher geht verloren
    Herr, erbarme dich
    Herr, erbarme dich
    dass keiner geht verloren

Erste Wahl

Die er sich griff, die zwölf,
die waren nicht von Pappe:

Der Felsenmann,
der Eiferer,
die Donnersöhne,
und wie sie alle hießen,
die Zeugen seiner Auferstehung.

Wo die hinkamen,
da wuchs kein Gras mehr
über seinem Grab.

Die wunderbare Zeitvermehrung

Und er sah eine große Menge Volkes,
die Menschen taten ihm Leid, und er redete
zu ihnen von der unwiderstehlichen Liebe Gottes.

Als es dann Abend wurde, sagten seine Jünger:
Herr, schicke diese Leute fort,
es ist schon spät, sie haben keine Zeit.

Gebt ihnen doch davon, so sagte er,
gebt ihnen doch von eurer Zeit!

Wir haben selber keine, fanden sie,
und was wir haben, dieses wenige,
wie soll das reichen für so viele?

Doch war da einer unter ihnen, der hatte wohl
noch fünf Termine frei, mehr nicht, zur Not,
dazu zwei Viertelstunden.

Und Jesus nahm, mit einem Lächeln,
die fünf Termine, die sie hatten,
die beiden Viertelstunden in die Hand.
Er blickte auf zum Himmel, sprach
das Dankgebet und Lob,

dann ließ er austeilen die kostbare Zeit
durch seine Jünger an die vielen Menschen.

Und siehe da: Es reichte nun das wenige für alle
Am Ende füllten sie sogar zwölf Tage voll
mit dem, was übrig war an Zeit,
das war nicht wenig.

Es wird berichtet, dass sie staunten.
Denn möglich ist, das sahen sie,
Unmögliches bei ihm.

Behütet sind, die sich lieben

Aufbruch

Es wird kommen der Tag,
da verlasse ich, zaghaft
zuerst, dann beherzt
meine einsame Insel.

Wage mich endlich hervor
aus dem bewährten Versteck
und der sicheren Deckung,
fast ohne Angst und ohne
noch einmal mich umzusehn.

Meine Rüstung tue ich
ab und alle die Waffen,
das Wenn und das Aber
und steige ins Boot.

Wehrlos werde ich sein
und verwundbar, ich weiß,
auf dem offenen Meer
und einzig beschützt
von der Liebe.

Geständnis

Mit keinem Wort sprach ich davon,
dass ich dich liebe.
Während ich vor dir stand, habe ich
von unwichtigen Dingen gesprochen,
mit zitternder Stimme, mag sein,
und mein Herz zersprang fast dabei.
Wie kann das sein, sag,
dass deine Augen nun so leuchten?

Verzauberung

An einem grauen Tag
bist du mit mir
in den Park gegangen.

Der fing zu blühen an.
Die Vögel in den Bäumen
hatten goldene Federn.

Ein Augenblick

Einen Atemzug lang
hast du mich angesehn,
Trauer fand ich
in deinen Augen.
Weißt du, dass ich
Länder durcheilte,
viele Tage und Nächte lang,
in diesem einen Augenblick,
um dir das Lächeln zu bringen,
das du verloren hast?

Im Vorübergehn

Wir haben nur
ein paar Worte gewechselt:
die großen in kleine,
alltägliche Worte.

Wir sprachen
so im Vorübergehn
nicht von Vertrauen
und dass wir uns lieben.

Du fragtest: wie geht's dir?
Ich sagte: schön, dich zu sehn!
Ein Wort gab das andere.

Wir haben nur
ein paar Worte gewechselt:
deine und meine getauscht
miteinander, geteilt
kleine, alltägliche Worte.
Und auch die großen,
die ungesagten.

Kleines Liebeslied

Aus Traum und Tränen sind wir gemacht
    wenn du trauerst
    will ich dich trösten

Aus Tag und Abend sind wir gemacht
    wenn dir kalt wird
    will ich dich wärmen

Aus Angst und Hoffnung sind wir gemacht
    wenn du Tod sagst
    sage ich Leben

Der Wind

Der Wind,
den es mir zuweht aus
milderem Land,
streicht mir
über die Wangen,
so sanft,
als habe er
unterwegs und sehr
weit von hier
deine Lippen berührt
im Vorübergehn
und trüge nun
ganz behutsam
deinen Atem herüber
zu mir.

Die sieben Schwüre
Ein Hochzeitslied

Gehst du mit mir
dann folge ich dir
    an jeden Ort

Sprichst du mit mir
dann sage ich dir
    mein schönstes Wort

Lebst du mit mir
dann teil ich mit dir
    mein Haus mein Brot

Weinst du mit mir
dann bleib ich bei dir
    in aller Not

Lachst du mit mir
dann geh ich mit dir
    auf jeden Tanz

Schläfst du mit mir
dann gebe ich dir
    mich selber ganz

Träumst du mit mir
dann zeige ich dir
    das Paradies

An einem gewöhnlichen Vormittag

Ein Anruf für Sie, sagt
die Kollegin fassungslos
zu mir herüber: Wenn ich
recht verstanden habe,
aus dem Paradies. –

Hörst du mich, so tönt es
leise aus der Muschel,
hast du mich noch lieb?
Und ob, sage ich, sehr,
gib Acht auf deine Flügel!

Die Kollegin schaut entgeistert.
Es war mein Engel, sage ich.

Zwei Menschen

Wir reden
Wir reden dauernd
aneinander vorbei

Wir reden
Wir reden uns
immer weiter auseinander

Vielleicht
schweigen wir uns
wieder zusammen

Das letzte Wort

Geh nur, ich halt dich nicht. Und nimm
auch gleich das alles mit, was dir
gehört und mir, das Ganze hier,
nimm's mit. Es ist nicht weiter schlimm,

wenn ich dann ohne Tisch und Bett
und Stuhl und einsam leben muss, –
es wird schon gehn – ja, es ist Schluss,
ich weiß. Und bitte, sei so nett,

und pack auch all das Schöne ein,
was wir erlebt, und jedes Wort,
das wir uns sagten, nimm's mit fort,
und auch mein Herz vergiss nicht. Nein,

ich hab es dir geschenkt. Nimm's mit,
wenn du jetzt gehst, lass nichts zurück,
nur mich. Mach's gut, ich wünsch dir Glück!
Das war's ja wohl, und wir sind quitt.

Was zögerst du? Bist du noch hier,
was ist? Was siehst du mich so an,
als fehlte nur ein Wort? Ich kann
nur sagen: Bitte, bleib bei mir!

Deine Schritte sind noch klein

Lied für die Taufe

Es ist ein winzig Menschenkind
in unsre Welt geboren,
so freut euch, denn Gott hat die Lust
an uns noch nicht verloren.

Es kommt ein Kind mit kleinem Schritt
in unsre Welt gegangen,
und wieder wird ein altes Lied
von vorne angefangen.

Es wächst ein Kind mit jedem Tag
und wird nicht müd zu schauen,
es fragt uns, wie viel Sterne sind
und schenkt uns sein Vertrauen.

Es greift ein Kind nach unsrer Hand
im Weinen oder Lachen,
in einem Kind sprach Gott sein Wort,
das will uns selig machen.

Darum fürchtet, fürchtet, fürchtet euch nicht,
denn die Nacht ist vorbei und es leuchtet das Licht.
Geh ihm nach, mein Kind, und erkenn sein Gesicht:
Er war tot und er lebt, darum fürchte dich nicht!

Tauflied für M.

Deine Schritte sind noch klein,
morgen gehst du schon allein,
gehst woanders aus und ein,
morgen wird bald heute sein.

Deine Finger sind noch klein,
morgen werden's Fäuste sein,
bau'n ein Haus aus festem Stein,
morgen wird bald heute sein.

Wer bist du, wer wirst du sein?
Heißt du Abel oder Kain?
Leben, das ist ja und nein,
morgen wird bald heute sein.

Ein Kind kommt

Ein Kind ist uns geboren,
lebendig und geliebt,
die Welt ist nicht verloren,
solang es Kinder gibt.

> Und wir sehen dich an
> wie du schläfst, wie du wachst,
> und wir lächeln dir zu,
> ob du weinst oder lachst.
>
> Und wir spielen mit dir,
> und wir singen ein Lied,
> und wir halten dich warm,
> dass dir ja nichts geschieht.
>
> Und wir danken für dich,
> und wir bitten den Herrn,
> ach, beschütz unser Kind,
> denn wir haben es gern.
>
> Und wir wünschen so sehr,
> dass du wächst und gedeihst,
> bis du selber erkennst,
> wer du bist, wie du heißt.

Ein Kind ist uns geboren,
lebendig und geliebt,
die Welt ist nicht verloren,
solang es Kinder gibt.

Segenslied über ein Kind

Segne dieses Kind und hilf uns, ihm zu helfen,
dass es sehen lernt mit seinen eignen Augen
    das Gesicht seiner Mutter
    und die Farben der Blumen
    und den Schnee auf den Bergen
    und das Land der Verheißung

Segne dieses Kind und hilf uns, ihm zu helfen,
dass es hören lernt mit seinen eignen Ohren
    auf den Klang seines Namens
    auf die Wahrheit der Weisen
    auf die Sprache der Liebe
    und das Wort der Verheißung

Segne dieses Kind und hilf uns, ihm zu helfen,
dass es greifen lernt mit seinen eignen Händen
    nach der Hand seiner Freunde
    nach Maschinen und Plänen
    nach dem Brot und den Trauben
    und dem Land der Verheißung

Segne dieses Kind und hilf uns, ihm zu helfen,
dass es reden lernt mit seinen eignen Lippen
    von den Freuden und Sorgen
    von den Fragen der Menschen
    von den Wundern des Lebens
    und dem Wort der Verheißung

Segne dieses Kind und hilf uns, ihm zu helfen,
dass es gehen lernt mit seinen eignen Beinen
    auf den Straßen der Erde
    auf den mühsamen Treppen
    auf den Wegen des Friedens
    in das Land der Verheißung

Segne dieses Kind und hilf uns, ihm zu helfen
dass es lieben lernt mit seinem ganzen Herzen

Wir alle essen von einem Brot

Die an dich glauben

    Wir sind in so viel Ängsten
    und siehe – wir leben

Die an dich glauben
die gehen durch Wüsten
finden das Manna das Wasser im Felsen

Die an dich glauben
die gehen durch Wasser
trockenen Fußes durch reißende Flüsse

Die an dich glauben
die gehn durch die Mauern
gehn wie im Traum durch verschlossene Türen

Die an dich glauben
die gehen durch Flammen
lebende Fackeln die doch nicht verbrennen

Die an dich glauben
die gehn durch das Dunkel
scheinen zu sterben und siehe sie leben

    Wir sind in so viel Ängsten
    und siehe – wir leben

Seine offene Hand

Seine offene Hand
reicht das Brot
teilt es an uns aus

Seine offene Hand
Hammerschlag
treibt den Nagel ein

Meine offene Hand
nimmt das Brot
auch den Hammerschlag?

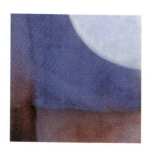

Ein Stück Brot

Ein Stück Brot
in meiner Hand
mir gegeben

    dass ich lebe
    dass ich liebe
    dass ich Speise bin
    für die andern

Ein Schluck Wein
in meinem Mund
mir gegeben

    dass ich lebe
    dass ich liebe
    dass ich Trank bin
    für die andern

Das Weizenkorn muss sterben

Das Weizenkorn muss sterben,
sonst bleibt es ja allein,
der eine lebt vom andern,
für sich kann keiner sein.

    Geheimnis des Glaubens:
    Im Tod ist das Leben!

So gab der Herr sein Leben,
verschenkte sich wie Brot.
Wer dieses Brot genommen,
verkündet seinen Tod.

    Geheimnis des Glaubens:
    Im Tod ist das Leben!

Wer dies Geheimnis feiert,
soll selber sein wie Brot,
so lässt er sich verzehren
von aller Menschennot.

    Geheimnis des Glaubens:
    Im Tod ist das Leben!

Als Brot für viele Menschen
hat uns der Herr erwählt,
wir leben füreinander,
und nur die Liebe zählt.

    Geheimnis des Glaubens:
    Im Tod ist das Leben!

Ein Mahl feiern

Wir wollen heut ein Mahl feiern
miteinander
und jeder
soll an Jesu Tod und
Auferstehung denken

Wir wollen dann sein Brot teilen
miteinander
und jeder
soll ein Stück empfangen
und davon essen

Wir sollen selber Brot werden
füreinander
und jeder
soll sich eine Scheibe
abschneiden können

Einer für alle

Alle Menschen, die es gibt
wollen glücklich sein
keiner hat das Glück für sich
keiner lebt allein

Jeder gibt ein kleines Stück
gibt sein Teil zum Brot
gibt sein Glück und seine Kraft
und auch seine Not

Einer gab sich selber ganz
in die Todesqual
er stand auf in Herrlichkeit
und hält mit uns Mahl

Jeder nimmt ein kleines Stück
und empfängt das Brot
lebt so aus der andern Kraft
und teilt ihre Not

Alle sind so in dem Herrn
als sein Leib geeint
so geschieht die Kommunion
Gottes Reich erscheint

Was ich sehe

Was ich sehe – gehört den Blinden
Was ich habe – den Habenichtsen
Was ich hoffe – den Hoffnungslosen
Ich gehöre den andern
Ich bin Speise
und Trank.

Wenn ich rede – dann für die Stummen
Wenn ich gehe – dann für die Lahmen
Wenn ich stark bin – dann für die Schwachen
Denn ich lebe für viele
Ich bin Speise
und Trank.

Das Lied vom Geben und Nehmen

Zum Geben und Nehmen will Gott uns befrein,
wir sterben und leben, wir sind nicht allein.

> Wenn einer voller Leben ist,
> dann helfe er den Schwachen,
> so mancher Mensch kann fröhlich sein,
> so mancher kann nicht lachen.
> Wenn einer viel sein Eigen nennt,
> dann teil er's mit den Armen,
> so mancher lebt für sich allein,
> so mancher braucht Erbarmen.

Aus Körnern und Reben wird Brot und wird Wein,
wir essen und trinken, der Herr lädt uns ein.

> Kann sein, dass du heut Tränen weinst,
> nicht jeder kann das: weinen.
> Kann sein, dass du den Glauben hast,
> so viele haben keinen.
> Kann sein, dass du heut glücklich bist,
> versuch das Glück zu teilen.
> Sieh doch den Menschen neben dir,
> vielleicht kannst du ihn heilen.

Zum Geben und Nehmen will Gott uns befrein,
wir sterben und leben, wir sind nicht allein.

Segen

Herr, segne uns, lass uns dir dankbar sein
    lass uns dich loben, solange wir leben
    und mit den Gaben, die du uns gegeben
    wollen wir tätig sein

Herr, geh mit uns und lass uns nicht allein
    lass uns dein Wort und dein Beispiel bewahren
    in der Gemeinde deine Kraft erfahren
    Brüder und Schwestern sein

Herr, sende uns, lass uns dein Segen sein
    lass uns versuchen, zu helfen, zu heilen
    und unser Leben wie das Brot zu teilen
    lass uns ein Segen sein

Einer, der sich verschenkte

Menschwerdung

Das Wort wird Fleisch:
    In einer Futterkrippe
    wimmert ein Menschenkind
    Das ist die Stimme der Stimmen

Das Wort wird Fleisch:
    Theorie wird Praxis
    Verheißung wird wahr
    der Traum wird Wirklichkeit

Das Wort wird Fleisch:
    Allmacht wird Ohnmacht
    die Liebe vermag alles
    Gott ist ein Mensch

Lukas 9,62

Wer die Hand an den Pflug legt
und schaut zurück
    in die große Zeit der Urkirche
    in die Zeit des hohen Mittelalters
    in die gute alte Zeit
    in die Zeit des Konzils
taugt nicht für das Reich Gottes

Jesus

Die Wahrheit ist einfach
ein Wort
das befreit
das nachklingt
das mich ändert
eine Hand
auf meiner Schulter
Schwielenhand
die Brot bricht
warmer Atem an
meiner Schläfe
Blick
der mich sucht
Auge
das alles weiß

Was Jesus für mich ist?

Was Jesus
für mich ist?
    Einer der
    für mich ist.

Was ich
von Jesus halte?
    Dass er
    mich hält.

Gründonnerstag

Ja, den andern mal so richtig
zeigen, wer der Boss ist!
Aber der Dumme sein, der ihnen den Dreck wegmacht?

Ja, den andern mal so richtig
begreiflich machen, was ein Hammer ist!
Aber der sein, auf den man einschlägt?

Ja, den andern mal so richtig
klar machen, wer an allem schuld ist!
Aber ohne schuld zu sein die Schuld auf sich nehmen?

Ja, den andern mal so richtig
die Wahrheit sagen!
Aber selber Wahrheit sein?

Ja, den andern mal so richtig
den Kopf waschen!
Aber die Füße?

Mit ausgebreiteten Armen

Der, von dem ich erzählen will,
wurde geboren in Armut und starb,
noch jung, mit ausgebreiteten Armen
am Kreuz einen schrecklichen Tod.

Warum, worin bestand seine Schuld?
Oder anders gefragt: wem war er im Weg?
Er raubte kein Geld, kein Land, stürzte
keinen vom Thron, zog nicht in den
Krieg, schrieb nicht einmal Bücher.

Der Ort, wo er aufwuchs wie andere auch,
war ohne Bedeutung: ein Nest in den Bergen
am Rande des riesigen römischen Reiches.
Er lernte ein Handwerk, zimmerte Möbel,
bis er die Werkstatt verließ und sein Dorf
und umherzog im Land, das Wort auszusäen.

Er sah, wie man weiß, weder Rom noch Athen.
Aber er sah seinen Vater im Himmel und
sah auf der Erde die Menschen im Dunkel
und lehrte sie sehn mit anderen Augen.
Er heilte die Kranken, rief Tote ins Leben.
So zog er umher und warb um die Herzen
und sprach von der Liebe, dem
Königreich Gottes.

Er starb, wie er lebte,
und lebt, wie er starb:
mit ausgebreiteten Armen.

Leidenswerkzeuge

Ich sehe auf dem Bild in der Kirche:
Geißel und Dornenkrone,
Leiter, Hammer, Nägel, Zange,
Würfel, Essigschwamm und Lanze,
das schwere Kreuz und die Inschrift daran.

Und ich denke weiter:
Feuer und Schwert,
Scheiterhaufen und Galgen,
elektrischer Stuhl und Schafott,
Daumenschrauben und Gehirnwäsche,
Pistolen und Gewehre,
Kanonen und Bomben und Raketen,
Napalm, Atom- und Wasserstoff.

Aber auch:
Krebs und Sklerose,
Smog und Lärm, Abgase, Alkohol, Drogen,
Slums, Wohnviertel, Tretmühlen aller Art,
Stress, der Leistungsdruck, das Alter,
die öffentliche Meinung.

Und endlich denke ich:
Dass uns das Leben täglich zum Tode verurteilt
und dass die Sonne sich nicht verfinstert
und die Erde nicht bebt, wenn wir sterben
und dass nichts vollbracht ist am Ende
und dass kein Hahn nach uns kräht

Es sei denn ...

Golgatha

Drei Räuber
kreuzigt man heute
auf Golgatha:

Der linke nahm mir mein Geld
der rechte nahm mir mein Gut
der in der Mitte nahm mir meine Schuld

Auf Golgatha
kreuzigt man heute
drei Räuber

Ecce Homo

Nicht der Machthaber –
der Ohnmächtige
den sie verlachten
hat an mich gedacht

Nicht der Gewinner –
der Verlierer
hat mich gewonnen

Passion

Ich kenne einen

der ließ sich von uns die Suppe versalzen
der ließ sich von uns die Chancen vermasseln
der ließ sich von uns das Handwerk legen
der ließ sich für dumm verkaufen
der ließ sich einen Strick drehen
der ließ sich an der Nase herumführen
der ließ sich übers Ohr hauen
der ließ sich von uns kleinkriegen
der ließ sich von uns in die Pfanne hauen
der ließ sich von uns aufs Kreuz legen
der ließ sich von uns Nägel mit Köpfen machen
der ließ sich zeigen was ein Hammer ist
der ließ sich von uns festnageln auf sein Wort
der ließ sich seine Sache was kosten
der ließ sich sehen am dritten Tag

der konnte sich sehen lassen

Einer

der sich verschenkte
der gab, was er hatte
der Brot wurde
und Wein
ein Stück Brot
ein Schluck Wein
für alle
die hungern und dürsten
nach Brot
nach Liebe
nach Gerechtigkeit

Seht
welch ein Mensch
der sich nehmen ließ
brechen, kauen
aufzehren
Stück um Stück
Tag um Tag
schlucken, schlürfen
ausnutzen, austrinken
bis zum letzten
Tropfen seines Blutes

bis alles
vollbracht war
und leer
das Grab

Ja dieser
war Gottes Sohn

Ein Mensch wie Brot

Er lehrte uns die Bedeutung und Würde
des einfachen unansehnlichen Lebens
unten am Boden
unter den armen Leuten
säte er ein
seine unbezwingbare Hoffnung

Er kam nicht zu richten sondern aufzurichten
woran ein Mensch nur immer leiden mag
er kam ihn zu heilen

Wo er war
begannen Menschen freier zu atmen
Blinden gingen die Augen auf
Gedemütigte wagten es zum Himmel aufzuschauen
und Gott
ihren Vater zu nennen
sie wurden wieder Kinder
neugeboren
er rief sie alle ins Leben

Er stand dafür ein
dass keiner umsonst gelebt
keiner vergebens gerufen hat
dass keiner verschwindet namenlos
im Nirgends und Nie
dass der Letzte noch
heimkehren kann als Sohn

Er wurde eine gute Nachricht
im ganzen Land ein Gebet
ein Weg den man gehen
ein Licht
das man in Händen halten kann
gegen das Dunkel

Ein Mensch wie Brot
das wie Hoffnung schmeckt
bitter und süß

Ein Wort das sich verschenkt
das sich dahingibt wehrlos
in den tausendstimmigen Tod
an dem wir alle sterben

Ein Wort
dem kein Tod gewachsen ist
das aufersteht und ins Leben ruft
unwiderstehlich
wahrhaftig dieser war Gottes Sohn

Karsamstagslied

Gestern starb ich sehr allein
Gestern gruben sie mich ein
Gestern war ich tot

Gestern hat man mich gesucht
Mich vergessen und verflucht
Gestern war ich tot

Morgen weinen wir nicht mehr
Morgen ist kein Stein zu schwer
Morgen steh ich auf

Morgen sind die Gräber leer
Morgen ist der Tod nicht mehr
Morgen steh ich auf

Tot ist nicht tot

Großer Sonnenfalter

Großer Sonnenfalter
aus den Quellgebieten des Amazonas
mit dem unbeschreiblichen Glanz von Gold
und Smaragd auf den Flügeln –
haben sie dich eingefangen endlich
im Netz ihrer Neugier?

Jetzt bist du zu besichtigen seit gestern
hinterm Glas des öffentlichen Unglaubens
in einem Kasten, eingeordnet in die
Reihe der nie gesehenen Raritäten
und der Aufmerksamkeit der
Besucher besonders empfohlen.

Aber sehen sie nicht,
dass dein angenagelter Leib atmet
und deine weit ausgebreiteten
schimmernden Flügel schon leise vibrieren?

Morgen wird niemand im Land
eine Erklärung wissen
für dein rätselhaftes Verschwinden.

Die Museumsdiener werden beteuern,
dass sie den Kasten und das Glas
am Morgen unversehrt und
wohl verschlossen fanden
und wie zu sehen, steckt,
die dich durchbohrt, die dünne
Nadel, fest an ihrem Platz.

Morgen, großer Falter, ich weiß,
wirst du hoch über der Erde
im Glanz von Gold und Smaragd
deine Flügel entfalten
unbeschreiblich.

»Was ist nach dem Tod?«
Oster-Umfrage

Mit dem Tod ist alles aus
klarer Fall, da kommt nichts mehr
endgültig Schluss vorbei
Endstation, mein ich auch
paar Erinnerungen noch, vielleicht
doch bald vergessen. Früher
glaubte man an Auferstehung
Jesus und so. Aber woher
will man das wissen
das gibt's doch gar nicht
Himmel und so was
überhaupt das Ganze
tot ist tot. Würmer höchstens
paar Knochen noch oder so
Verwesung, chemisch ganz klar
Ich weiß nicht
manchmal –
Unsinn so was gibt's nicht
aber es könnte doch sein –
nein, machen Sie sich
keine Hoffnung. Mit dem
Tod ist alles aus
können sich drauf verlassen
denken Sie an mich wenn –
Meine Damen und Herrn
wir danken Ihnen für das
Gespräch. Schöne Ostern!

Auf die Frage

Auf die Frage des Spiegel
von Emnid ermittelt
ob es ein Leben
nach dem Tode gibt
sind von hundert Befragten
achtundvierzig dafür und
achtundvierzig dagegen.

Und wer entscheidet?

Kalauer

Ich war im Kino:

Blutüberströmt
fertig gemacht
fiel einer um
als Letzter von allen –
das war ein Western!

Ich war in der Kirche:

Blutüberströmt
fertig gemacht
stand einer auf
als Erster von allen –
das war ein Ostern!

Lieber Apostel Paulus

Lieber Apostel Paulus
wenn ich mal so sagen darf
nicht wahr, du hast doch
ich meine, was Jesus angeht
genauer seine Auferstehung
das nicht so wörtlich gemeint
eins Korinther fünfzehn
du weißt schon
nur
in dem Sinne wohl
dass er sozusagen geistig
sinnbildlich gemeint
in uns allen weiterlebt
dass wir neuen Mut fassen
den Blick erheben wie
die Natur erneut aufblüht
so ähnlich eben
es geht schon, die Sache
geht schon weiter, man muss
sie vorantreiben, die gute Sache
an die wir doch alle irgendwie
glauben, den Fortschritt, mein ich
Mitmenschlichkeit und so
Friede, nicht wahr
das wolltest du doch sagen –

    Nein?

Glühende Kohle wird zur Schlacke

Glühende Kohle wird zur Schlacke
die Milch bekommt eine Haut
das Blatt fällt vom Baum
das Eisen setzt Rost an
das Wasser verdunstet
das Brot wird trocken
der Schnee schmilzt
das Blut gerinnt

Gegen die Vergänglichkeit
singe ich dir mein Lob
Ewiger

Man sagt

Das ist der Tod:
das vollständige Erlöschen der
Hirnfunktion, die absolute
hirnelektronische Stromstille.

Man sagt darum: Totenstille.
Man sagt darum: Ewige Ruhe.

Aber:
Auferstehung im Schalle der Posaunen!

Jesus lebt

Seht, er lebt – ja, er lebt,
er stand auf am dritten Tag!
Seht, er lebt – Jesus lebt,
er steht mitten unter uns!

>Kommt durch die verschlossnen Türen,
>sagt zu uns: Habt keine Angst!
>Kommt wie damals so auch heute
>und sagt: Friede sei mit euch!

>Und wir hören seine Worte
>und es brennt in uns das Herz,
>und er bricht das Brot für alle
>und die Augen gehn uns auf.

>Keiner lebt nur für sich selber,
>keiner stirbt für sich allein,
>ob wir leben oder sterben,
>wir gehören zu dem Herrn.

>Er ist bei uns alle Tage
>bis ans Ende dieser Welt,
>und es ist kein anderer Name,
>der mich selig machen kann!

Seht, er lebt – ja, er lebt,
er stand auf am dritten Tag!
Seht, er lebt – Jesus lebt,
er steht mitten unter uns!

Lied zu Ostern

Wir setzen einen Stein
und der Stein ist schwer
und keiner von uns hat
eine Hoffnung mehr
         halleluja
Wir hatten doch geglaubt
dass da einer wär
in dem uns Gott erschien
glauben es nicht mehr
         halleluja
Wir haben nur ein Grab
und das Grab ist leer
wir suchen unsern Herrn
finden ihn nicht mehr
         halleluja
Der Stein ist weggewälzt
und der Stein war schwer
der Herr erstand vom Tod
seht das Grab ist leer
         halleluja
Wir glauben dass er lebt
doch es fällt uns schwer
wir haben nur sein Wort
Ich geh vor euch her
         halleluja

Einer ist unser Leben

Einer ist unser Leben,
Licht auf unseren Wegen,
Hoffnung, die aus dem Tod erstand,
die uns befreit.

> Viele hungern, die andern sind satt
> in dieser Welt.
> Einer teilte schon einmal das Brot,
> und es reichte für alle.
>
> Viele werden verkannt und verlacht,
> werden verfolgt.
> Einer nahm sich der Wehrlosen an,
> wurde arm mit den Armen.
>
> Viele kennen nur Waffen und Krieg,
> Hass und Gewalt.
> Einer lehrt uns, dem Feind zu verzeihn
> und die Menschen zu lieben.
>
> Viele Menschen sind blind oder stumm,
> wir sind es auch.
> Einer machte die Kranken gesund,
> einer heilte sie alle.

Viele tasten durch Dunkel und Nacht,
viele von uns.
Einer ging wie ein Licht vor uns her
in den Tod und das Leben.

Einer ist unser Leben,
Licht auf unseren Wegen,
Hoffnung, die aus dem Tod erstand,
die uns befreit.

Osterabend

Warum diese Angst
und diese verschlossenen Türen
noch fester verschlossen
und abermals Riegel und Gitter davor
und abgesichert die Fenster nach draußen?

Drinnen Personenkontrolle:
was denkst, was glaubst, was bekennst du?
Es könnte ja immerhin sein, dass ein
Thomas unter uns ist, der da zweifelt
am Ostergeschehen und rüttelt,
was weiß ich, dazu noch am Heiligen
Stuhl und der Stellung der Frau in der
Kirche und wagt womöglich am Ende,
die Vertikale des Glaubens
aufzulösen in Mitmenschlichkeit.

Warum diese Angst,
als wäre noch immer nicht Ostern?
Beurlaubt endlich die Wächter am Grabe,
tut auf die verschlossenen Türen,
denn Jesus ist siegreich erstanden!

Was seid ihr so furchtsam, lacht er uns
an (risus paschalis, das Ostergelächter):
Seht doch, ich lebe, ihr zitternden Zeugen,
singt halleluja!

Osternacht

Aller Augenschein sagt
    ein Grab ist ein Grab
    tot ist tot
    aus ist aus
    fertig nichts weiter

Wir haben nichts dagegen
    als eine winzige Hoffnung
Wir haben nichts in Händen
    als ein kleines Licht
    im Dunkeln
Wir haben nichts vor Augen
    als ein paar verwirrte
    erschrockene Menschen
    die es nicht fassen können
    dass er lebt
    und ein leeres Grab
Wir haben nichts
    als ein Lied auf den Lippen
    er ist auferstanden
    halleluja

Das ist der Anfang des menschlichen Lebens:
eine befruchtete Eizelle
ein winziges Gebilde von etwa 1/2 Millimeter
    Durchmesser und 1/200 Milligramm Gewicht
eine winzige Hoffnung
    gegen allen Augenschein

ein kleines Licht
    in so viel Finsternis
ein paar fassungslose Menschen
    vor einem leeren Grab
ein Halleluja auf den Lippen
ein buntes Osterei
    das du mir schenkst
winzig sind die Argumente des Lebens
    gegen den Tod

Auferstehung

Sie zählten dich unter die Missetäter
Sie beschlossen deinen Tod
Sie gruben dich ein

Doch es ging auf die gefährliche Saat
das unzerstörbare Leben
das brachte den Stein ins Rollen

Sie wollten dich unter die Erde bringen
aber
sie brachten dich unter die Leute

Ostermorgen

Mir ist ein Stein
vom Herzen genommen:
meine Hoffnung
die ich begrub
ist auferstanden
wie er gesagt hat
er lebt er lebt
er geht mir voraus!

Ich fragte:
Wer wird mir
den Stein wegwälzen
von dem Grab
meiner Hoffnung
den Stein
von meinem Herzen
diesen schweren Stein?

Mir ist ein Stein
vom Herzen genommen:
meine Hoffnung
die ich begrub
ist auferstanden
wie er gesagt hat
er lebt er lebt
er geht mir voraus!

Emmaus

Zwischen den Zeilen
bist du zu lesen,
zwischen den Menschen
zuweilen zu spüren.

Und auf dem Weg
von Pontius zu Pilatus,
von mir zu mir selbst
und auch von mir weg
zu den andern;
kann sein einen
Atemzug lang
bist du zu spüren.

Zwischen den Zeilen
bist du zu lesen,
zwischen den Menschen
zuweilen zu spüren.

Gestern zum Beispiel,
als wir das Bauernbrot
aßen in Emmaus wir beide
an dem Tisch in der Mitte
zu dritt.

Wir gehen und hoffen

Ich schäme mich

Was sage ich einem Menschen
der am Ende ist?
Was sage ich ihm
unter vier Augen in seine Sorgen
am Grab der Liebe in sein Alleinsein
am Krankenbett in seine Schmerzen
im Todeskampf in seine Angst?
Sage ich auch:
Kann man nichts machen
es erwischt jeden einmal
nur nicht den Mut verlieren
nimm's nicht so schwer
vielleicht ist's morgen schon besser
sage ich das?
Sage ich nichts als das?
Ich sollte doch kennen
den einen und einzigen Namen
der uns gegeben ist unter dem Himmel.
Ich kenne ihn auch und doch
schweige ich.
Ich schäme mich.

Am Sterbebett

Alle Gottesbeweise habe ich studiert
und darüber Prüfungen abgelegt
insbesondere Theodizee, die unaufhörliche Frage
der Jahrhunderte von Hiob bis Dostojewski
und Camus nach dem Leid in der Welt und
die eher kümmerlichen als bekümmerten
Antworten darauf. Ein ganzes Fach in
meinem Bücherschrank über den Tod und
die allerletzten Dinge und was man
am Krankenbett sagt und wie man
den Sterbenden beisteht.
Nun sitze ich stumm und hilflos
am Bett der alten Frau, mit der es zu Ende geht.
Ich halte ihre Hand und zeichne langsam
das Kreuz auf die schweißnasse Stirn.

In hora mortis nostrae

Ach, könnte ich
so an den Tod denken
und ans Sterben,
als ginge ich, wenn es
Zeit ist, unendlich müde
nur in ein anderes Zimmer
hinüber, gleich nebenan,

legte mich nieder dort,
streckte mich aus
im Einvernehmen mit allem
und schlösse die Augen,
wie um zu träumen.

Als ruhte ich lange,
sehr lange im Dunkel,
bis eine Stimme mich,
eine taghelle Stimme
mich riefe: steh auf!

Aber zu viele schon
sah ich anders enden
in hora mortis nostrae.
Ich hörte sie stöhnen
und röcheln, es roch nach
Schweiß und nach Kot,
nach bitterem Tod.

Ach, was wissen wir schon ...?

Eines Tages

Eines Tages
wenn die Kleinen im Kindergarten
    vom bunten Regenbogen singen
wenn die blonde Verkäuferin im Kaufhof
    die T-Shirts sortiert
wenn die Sitzung der Handwerkskammer
    beginnt
wenn die Waschmaschinen laufen
wenn Zeitung gelesen und telefoniert und
    Bier getrunken wird
wenn man Rechnungen schreibt und
    liebt und schläft
wenn es auf der Autobahn nach Köln
    zu keinen ernsthaften Behinderungen kommt
Wenn alles ganz wie immer ist
werde ich mich noch einmal aufbäumen
    und sterben

Eines Tages werde ich mich aufbäumen
    und sterben
und die Kinder im Kindergarten
    werden vom Regenbogen singen
und die blonde Verkäuferin im Kaufhof
    wird die T-Shirts sortieren
und die Sitzung der Handwerkskammer
    wird beginnen
und die Waschmaschinen werden laufen
und es wird Zeitung gelesen und telefoniert und
    Bier getrunken

und man wird Rechnungen schreiben und
    lieben und schlafen
und auf der Autobahn nach Köln wird es
    zu keinen ernsthaften Behinderungen kommen
und alles wird wie immer sein
wenn ich gestorben bin
eines Tages

Lied vom Sterben

Wer wird uns hören?
Wer wird uns antworten?
Wer steht uns bei?

Vielleicht geht kein einziges Blatt verlorn,
das vom Baume fällt.
Vielleicht nimmt es einer in seine Hand,
der uns alle hält?

Vielleicht gibt es einen, der dich und mich
einst beim Namen nennt.
Vielleicht will ein Leben in uns erstehn,
das den Tod nicht kennt?

Wer wird uns hören?
Wer wird uns antworten?
Wer steht uns bei?

Nachts geträumt

Nachts kamen sie
die stummen Helfer des Todes
führten mich aus meinem Haus

Nichts konnte ich
mitnehmen ins Grab
nicht meine Papiere
keine Bücher kein Geld
nicht meine Kamera
kein Handy und keinen Computer
nicht meine Kleider
nicht Wäsche noch Schuhe
keines meiner guten Werke
keinen meiner Fehler
keine Erinnerung
nichts kannst du
mitnehmen in das Gericht
du hast nichts in
der Hand wenn es gilt

Der große Richter
flüstert man neben mir
soll Jude sein, ein
junger Mann um dreißig

Ich weiß
ich kenne ihn
all meine Hoffnung
setze ich auf ihn

Totenklage

Es führt kein Weg zu den Toten
und es ist kein Trost, der mich hält
ich seh keine Hand vor den Augen
und ich weiß keinen Schritt, der noch zählt

Es führt kein Weg zu den Toten
nur der eine: immer hinab
Erinnern ist nah am Vergessen
und ein Grab ist ein Grab ist ein Grab

Es führt kein Weg zu den Toten
doch im Sterben werd ich ihn gehn
ein Blinder im Niemals und Immer
doch es heißt, dass die Blinden dann sehn

Requiem für A. S.

Der die Hände
nicht falten wollte
all die Jahre
nun liegt er da
die Hände gefaltet.

Wer tat sie zuletzt
ihm zusammen?
Wer zauberte das
Lächeln auf sein Gesicht?
Wer wandelte es
in Wachs und formte daraus
die Stille des Schlafes?

So liegt er
die Hände gefaltet
bis er zerfällt
und Erde wird
bis er zurückkehrt
als Staub zu Staub
als Asche zu Asche
und heimkehrt vielleicht
als Sohn.

Lied zur Beerdigung

Weder Tod noch Leben trennen uns von Gottes Liebe,
die in Jesus Christus ist

> Wenn ich gestorben bin
> und verloren
> wird man mich senken
> in deine Erde
>
> Wenn ich verloren bin
> und verlassen
> wirst du mich halten
> in deinen Händen

Weder Tod noch Leben trennen uns von Gottes Liebe,
die in Jesus Christus ist

> Wenn ich verlassen bin
> und vergessen
> wirst du mich nennen
> bei meinem Namen
>
> Wenn ich vergessen bin
> und vergangen
> wirst du mich bergen
> in deiner Treue

Weder Tod noch Leben trennen uns von Gottes Liebe,
die in Jesus Christus ist

Letztes Gebet

Lass uns nicht fallen
wie die Blätter im Herbst
nicht versinken ins
Nichts, ins Vergessen
lass uns nicht untergehn
denn du bist der Herr

Hebe die Hand
unseretwegen hebe
die Schwerkraft auf
halte uns hoch
halte uns über Wasser
denn du bist der Herr

Doch wenn du es willst
dann lass uns fallen
wie den Regen aufs Land
dann lass uns fallen
in deine Hand
denn du bist der Herr

Hab keine Angst

Hab keine Angst, denn ich erlöse dich.
Ich rufe dich beim Namen, du bist mein.

> Für diese Welt ist ein Leben zu Ende,
> für den, der glaubt, hat ein Leben begonnen.
> Jetzt weinen wir, da wir ihn nicht mehr haben,
> der unser war und den wir nicht mehr sehen.
>
> Wir suchen ihn bei dem Schöpfer des Lebens,
> denn er hat uns diesen Menschen gegeben.
> Er gab ihn uns und er hat ihn genommen,
> wir danken Gott, dass er unser gewesen.
>
> Auch wer da stirbt, bleibt in unserer Mitte,
> er geht voraus, und wir werden ihm folgen.
> So sterben wir, um verwandelt zu werden,
> und unser Gott wird uns rufen zum Leben.

Hab keine Angst, denn ich erlöse dich.
Ich rufe dich beim Namen, mein bist du.

Verwandlung

Gestern
die Verwandlung
des Wassers in Wein

Heute
die Verwandlung
des Weines in das Blut des Herrn

Morgen
die Verwandlung
meines Sterbens in sein Auferstehn

Ankündigung

An einem der Tage, die kommen,
wird etwas geschehen, was du nicht kennst,
noch nicht, und auch nicht verstehst, etwas,
von dem du nur träumst, was du erwartest,
so wie ein Wunder. Es wird etwas sein,
auf das du nicht wartest, nein, das du suchst,
und weißt auch nicht zu sagen, wonach, und
du suchst es auch nicht, sondern findest,
und nicht einmal das, es findet ja dich,
dieses Lächeln, von dem du gefunden wirst
an einem der Tage, die kommen.

Am Ende die Rechnung

Einmal wird uns gewiss
die Rechnung präsentiert
für den Sonnenschein
und das Rauschen der Blätter,
die sanften Maiglöckchen
und die dunklen Tannen,
für den Schnee und den Wind,
den Vogelflug und das Gras
und die Schmetterlinge,
für die Luft, die wir
geatmet haben, und den
Blick auf die Sterne
und für alle die Tage,
die Abende und die Nächte.

Einmal wird es Zeit,
dass wir aufbrechen und
bezahlen;
bitte die Rechnung.
Doch wir haben sie
ohne den Wirt gemacht:
Ich habe euch eingeladen,
sagt der und lacht,
so weit die Erde reicht:
Es war mir ein Vergnügen!

Wie ein Traum

Wie ein Traum wird es sein
wenn der Herr uns befreit
zu uns selbst und zum Glück
seiner kommenden Welt

Der Blinde blinzelt in die Sonne
dem Tauben verrätst du ein Wort und er nickt
wer stumm gewesen spricht die Wahrheit
der lahme Mann schiebt seinen Rollstuhl nach Haus

Geduckte heben ihre Köpfe
Enttäuschte entdecken: Die Welt ist so bunt
Verplante machen selber Pläne
die Schwarzseher sagen: Es ist alles gut

Die Alleswisser haben Fragen
der Analphabet liest die Zeichen der Zeit
wer nichts besitzt spendiert für alle
die Herrschenden machen sich nützlich im Haus

Wie ein Traum wird es sein
wenn der Herr uns befreit
zu uns selbst und zum Glück
seiner kommenden Welt

Inhalt

Vorwort 5

Sieben Farben hat das Licht
Feiern die Wörter 8
Winterpsalm 9
Tag mit Schnee im Januar 10
Einladung im Sommer 11
Sommerliche Meditation 12
Das Siebenerlied 13
Einen Augenblick lang 14

Mit Fragezeichen gepflastert
Fragen 16
Schwierigkeit 17
Gewissensfrage 17
Friedensgruß vor der Kommunion 18
Pfingsten 19
Pfingstsonntag 19
Pfingstlied heute 20
Kanzel-Notizen 21
Das Gewissen 22

Bedenkt es, ihr Christen
Niedergang 24
Missverständnis 25
Ohne dich 26
Inkonsequent 27
Heutzutage 28

Unsereiner	29
Ein anderes Magnificat	30
Später	31
Neunbändig	32

Und spüre nichts von dir

Bibel aktuell	34
Pluralität	35
Alltägliche Reden an Gott	36
Wie komme ich zu Gott?	37
Gott ist lange tot	37
Der große Berg	38
Wenn du beten willst	39
Alltäglich denke ich	39
Aufdringliche Befragung	40

Er ist nicht fern

Immerhin	42
Anrufung	43
Großer Auflauf	44
Versuch eines Lobliedes	46
Sende uns Engel	48
Gebet für viele	49
Verheißung	50
Wo man andere liebt	50
Gebet um Zeit	52
Lebenszeichen	53
Stille lass mich finden	54

Wir sind noch zu retten

Worauf sollen wir hören?	56
Der Holzweg	57

Glaubensgespräche	58
Die Realität	59
Was ich dir rate	60
Huldigung	61
Vision	62
Reibung	63
Die neue Hoffnung	64
Mit den Jahren	65
Es kommt der Tag	66
Wir wollen alle glücklich sein	67
Erste Wahl	68
Die wunderbare Zeitvermehrung	69

Behütet sind, die sich lieben

Aufbruch	72
Geständnis	73
Verzauberung	73
Ein Augenblick	74
Im Vorübergehn	75
Kleines Liebeslied	76
Der Wind	76
Die sieben Schwüre	77
An einem gewöhnlichen Vormittag	78
Zwei Menschen	79
Das letzte Wort	80

Deine Schritte sind noch klein

Lied für die Taufe	82
Tauflied für M.	83
Ein Kind kommt	84
Segenslied über ein Kind	85

Wir alle essen von einem Brot

Die an dich glauben	88
Seine offene Hand	89
Ein Stück Brot	90
Das Weizenkorn muss sterben	91
Ein Mahl feiern	92
Einer für alle	93
Was ich sehe	94
Das Lied vom Geben und Nehmen	95
Segen	96

Einer, der sich verschenkte

Menschwerdung	98
Lukas 9,62	98
Jesus	99
Was Jesus für mich ist?	99
Gründonnerstag	100
Mit ausgebreiteten Armen	101
Leidenswerkzeuge	102
Golgatha	103
Ecce Homo	103
Passion	104
Einer	105
Ein Mensch wie Brot	106
Karsamstagslied	108

Tot ist nicht tot

Großer Sonnenfalter	110
„Was ist nach dem Tod?"	112
Auf die Frage	113
Kalauer	113
Lieber Apostel Paulus	114

Glühende Kohle wird zur Schlacke	115
Man sagt	115
Jesus lebt	116
Lied zu Ostern	117
Einer ist unser Leben	118
Osterabend	120
Osternacht	121
Auferstehung	122
Ostermorgen	123
Emmaus	124

Wir gehen und hoffen

Ich schäme mich	126
Am Sterbebett	127
In hora mortis nostrae	128
Eines Tages	129
Lied vom Sterben	130
Nachts geträumt	131
Totenklage	132
Requiem für A.S.	133
Lied zur Beerdigung	134
Letztes Gebet	135
Hab keine Angst	136
Verwandlung	137
Ankündigung	137
Am Ende die Rechnung	138
Wie ein Traum	139